TRANZLATY

El idioma es para todos

Lingua est pro omnibus

La Bella y la Bestia

Pulchritudo et Bestia

Gabrielle-Suzanne Barbot de Villeneuve

Español / Latin

Copyright © 2025 Tranzlaty
All rights reserved
Published by Tranzlaty
ISBN: 978-1-80572-085-0
Original text by Gabrielle-Suzanne Barbot de Villeneuve
La Belle et la Bête
First published in French in 1740
Taken from The Blue Fairy Book (Andrew Lang)
Illustration by Walter Crane
www.tranzlaty.com

Había una vez un rico comerciante
Fuit aliquando dives mercator
Este rico comerciante tuvo seis hijos.
dives mercator sex liberos
Tenía tres hijos y tres hijas.
habuit tres filios et tres filias
No escatimó en gastos para su educación
non pepercit sumptibus educationis
Porque era un hombre sensato
quia vir sensus erat
pero dio a sus hijos muchos siervos
sed liberis servis multos dedit
Sus hijas eran extremadamente bonitas
eius filiae sunt maxime pulchra
Y su hija menor era especialmente bonita.
et filia eius minima erat maxime pulchra
Desde niña ya admiraban su belleza
sicut puer eius pulchritudinem iam admiratus
y la gente la llamaba por su belleza
et vocavit eam populus a facie sua
Su belleza no se desvaneció a medida que envejecía.
eius pulchritudo non veterascet cum illa got maior
Así que la gente seguía llamándola por su belleza.
et vocabat eam populus a facie sua
Esto puso muy celosas a sus hermanas.
hoc fecit ei sororibus valde zelotypus
Las dos hijas mayores tenían mucho orgullo.
duabus filiabus natu plurimum superbiae
Su riqueza era la fuente de su orgullo.
opes eorum fons superbiae
y tampoco ocultaron su orgullo
et non absconderunt superbiam suam
No visitaron a las hijas de otros comerciantes.
alias filias mercatorum non visitaverunt
Porque sólo se encuentran con la aristocracia.
quia nonnisi ad aristocratiam

- 1 -

Salían todos los días a fiestas.
partes exierunt cotidie
bailes, obras de teatro, conciertos, etc.
pilae, fabulae, concentus, salutem
y se rieron de su hermana menor
et deridebant ad minorem sororem suam
Porque pasaba la mayor parte del tiempo leyendo
propter eam maximam sui temporis legere
Era bien sabido que eran ricos
notum erat quod divites
Así que varios comerciantes eminentes pidieron su mano.
ideo plures nobiles mercatores pro manu sua petierunt
pero dijeron que no se iban a casar
sed dixerunt se non nupturam
Pero estaban dispuestos a hacer algunas excepciones.
sed parati erant aliqua exceptione facere
"Quizás podría casarme con un duque"
"Ducere fortasse potui"
"Supongo que podría casarme con un conde"
"Ego coniecto potui ducere comiti"
Bella agradeció muy civilizadamente a quienes le propusieron matrimonio.
pulchritudo valde civiliter gratias illis quae proponuntur ei
Ella les dijo que todavía era demasiado joven para casarse.
non indicavit eis adhuc minor nubere
Ella quería quedarse unos años más con su padre.
voluit manere aliquot annos cum patre suo

De repente el comerciante perdió su fortuna.
Statim mercator suam fortunam perdidit
Lo perdió todo excepto una pequeña casa de campo.
amisit omnia sine parva villa
Y con lágrimas en los ojos les dijo a sus hijos:
et flens in oculis suis dixit:
"Tenemos que ir al campo"
"ire eundum est ad villam"

"y debemos trabajar para vivir"
"et nobis viventibus opus est".
Las dos hijas mayores no querían abandonar el pueblo.
duabus filiabus natu maximis nolebat decedere oppido
Tenían varios amantes en la ciudad.
plures in urbe habebant
y estaban seguros de que uno de sus amantes se casaría con ellos
et erant quidam amantes eorum se nubant
Pensaban que sus amantes se casarían con ellos incluso sin fortuna.
amantes etiam nulla fortuna nubere eos putabant
Pero las buenas damas estaban equivocadas.
sed erraverunt bonae dominae
Sus amantes los abandonaron muy rápidamente
amantes dereliquerunt celerrime
porque ya no tenían fortuna
quia nullae erant amplius fortunae
Esto demostró que en realidad no eran muy queridos.
hoc ostendit se non esse bene probaverunt
Todos dijeron que no merecían compasión.
omnes dixerunt non esse miserendum
"Nos alegra ver su orgullo humillado"
"Laetamur humilem videre superbiam".
"Que se sientan orgullosos de ordeñar vacas"
"Sint superbi vaccarum vaccarum"
Pero estaban preocupados por Bella.
sed ad pulchritudinem
Ella era una criatura tan dulce
fuit tam dulcis creatura
Ella hablaba tan amablemente a la gente pobre.
et locutus est ad populum pauperem misericordiam
Y ella era de una naturaleza tan inocente.
et erat talis innocens
Varios caballeros se habrían casado con ella.
Plures nobiles eam uxorem habuisset

Se habrían casado con ella aunque fuera pobre
matrimonio iuncti essent eam etsi pauper erat
pero ella les dijo que no podía casarlos
sed dixit eis se non posse ducere
porque ella no dejaría a su padre
quia noluit patrem suum relinquere
Ella estaba decidida a ir con él al campo.
quæ voluit ire cum eo in villam
para que ella pudiera consolarlo y ayudarlo
ut eum consolari posset et adiuvare

La pobre belleza estaba muy triste al principio.
Misera forma valde contristatus est primo
Ella estaba afligida por la pérdida de su fortuna.
illa amissione fortunae doluit
"Pero llorar no cambiará mi suerte"
" sed lacrimans fortunas meas non mutabit "
"Debo intentar ser feliz sin riquezas"
"Conabor sine divitiis me beatum facere"
Llegaron a su casa de campo
venerunt in villam suam
y el comerciante y sus tres hijos se dedicaron a la agricultura
et mercator cum tribus filiis agriculturae operam dabant
Bella se levantó a las cuatro de la mañana.
pulchritudinis quattuor mane
y se apresuró a limpiar la casa
et festinavit mundare domum
y se aseguró de que la cena estuviera lista
et certa cena parata erat
Al principio encontró su nueva vida muy difícil.
in principio invenit eam novam vitam difficillimam
porque no estaba acostumbrada a ese tipo de trabajo
quia non fuerat usus tali opere
Pero en menos de dos meses se hizo más fuerte.
sed minus quam duobus mensibus ipsa convalescit
Y ella estaba más sana que nunca.

et salubrius fuit
Después de haber hecho su trabajo, leyó
postquam factum est opus eius quae legit
Ella tocaba el clavicémbalo
illa quatientes citharista
o cantaba mientras hilaba seda
aut canebat dum fila sericum
Por el contrario, sus dos hermanas no sabían cómo pasar el tiempo.
sed duae sorores eius nesciverunt tempus terere
Se levantaron a las diez y no hicieron nada más que holgazanear todo el día.
surgentes decem et nihil aliud quam otiosi dies
Lamentaron la pérdida de sus hermosas ropas.
amissa veste gemebant
y se quejaron de perder a sus conocidos
et de amissis notis conquesti sunt
"Mirad a nuestra hermana menor", se dijeron.
"Inspice sororem nostram minimissimam"
"¡Qué criatura tan pobre y estúpida es!"
" quam pauper et stultus creatura est "
"Es mezquino contentarse con tan poco"
"Est tantillo contentum esse"
El amable comerciante tenía una opinión muy diferente.
Mercator longe alia sententia fuit
Él sabía muy bien que Bella eclipsaba a sus hermanas.
bene sciebat illam pulchritudinem sororibus praelucere
Ella los eclipsó tanto en carácter como en mente.
illa praelucebat in mores tum mentis
Él admiraba su humildad y su arduo trabajo.
humilitatem eius et laborem
Pero sobre todo admiraba su paciencia.
sed maxime miratus est eius patientiam
Sus hermanas le dejaron todo el trabajo por hacer.
sororibus eius relinquentes eam omne opus facere
y la insultaban a cada momento

et insultaverunt ei omni tempore

La familia había vivido así durante aproximadamente un año.
Familia sic per annum circiter vixerat
Entonces el comerciante recibió una carta de un contable.
deinde mercator litteras de tabulario accepit
Tenía una inversión en un barco.
habuit obsidendi in navi
y el barco había llegado sano y salvo
et navis tuto advenit
Esta noticia hizo que las dos hijas mayores se volvieran locas.
t eius nuntium convertit capita duarum natu maximarum
Inmediatamente tuvieron esperanzas de regresar a la ciudad.
spem redeundi in oppidum statim habebant
Porque estaban bastante cansados de la vida en el campo.
quia pertaesi erant
Fueron a ver a su padre cuando él se iba.
digredientem ad patrem
Le rogaron que les comprara ropa nueva
orabant ut novas vestes emeret
Vestidos, cintas y todo tipo de cositas.
coquit, vittas et omnium rerum parvarum
Pero Bella no pedía nada.
sed pulchritudo poposcit nihil
Porque pensó que el dinero no sería suficiente.
quia putavit pecuniam non satis esse
No habría suficiente para comprar todo lo que sus hermanas querían.
satis non esset emere omnia sororibus suis voluerunt
- ¿Qué te gustaría, Bella? -preguntó su padre.
"Quid vis, pulchritudo?" interrogavit pater eius
"Gracias, padre, por la bondad de pensar en mí", dijo.
"gratias tibi, pater, pro bonitate cogitare de me"
"Padre, ten la amabilidad de traerme una rosa"

"Pater mi, sis dignare ut rosam afferat".
"Porque aquí en el jardín no crecen rosas"
"quia nullae rosae hic nascuntur in horto"
"y las rosas son una especie de rareza"
"rosae sunt quaedam raritas".
A Bella realmente no le importaban las rosas
pulchritudo non vere curare ut rosis
Ella solo pidió algo para no condenar a sus hermanas.
non solum aliquid poposcit, ut sorores eius non condemnent
Pero sus hermanas pensaron que ella pidió rosas por otros motivos.
Sorores autem eius videbantur aliis de causis rosas poposcit
"Lo hizo sólo para parecer especial"
"Hoc fecit solum spectare maxime"

El hombre amable continuó su viaje.
Homo quidam iter fecit
pero cuando llego discutieron sobre la mercancia
sed cum venisset, de mercibus disputaverunt
Y después de muchos problemas volvió tan pobre como antes.
et post multam molestiam egens rediit sicut prius
Estaba a un par de horas de su propia casa.
fuit intra horas domus suae
y ya imaginaba la alegría de ver a sus hijos
et iam laetitiam videndi suorum
pero al pasar por el bosque se perdió
sed cum per silvas amisisset
Llovió y nevó terriblemente
pluit ac ninxit terribly
El viento era tan fuerte que lo arrojó del caballo.
adeo vehemens ventus proiecit equo
Y la noche se acercaba rápidamente
et nox cito veniebat
Empezó a pensar que podría morir de hambre.
cogitare coepit ut esuriret

y pensó que podría morir congelado
et ad mortem se duraturum arbitrabatur
y pensó que los lobos podrían comérselo
et putabat lupi comedendum eum
Los lobos que oía aullar a su alrededor
luporum audisse circum se ululantes
Pero de repente vio una luz.
sed subito vidit lucem
Vio la luz a lo lejos entre los árboles.
lucem procul vidit per arbores
Cuando se acercó vio que la luz era un palacio.
ubi propius accedens lucem vidit palatium;
El palacio estaba iluminado de arriba a abajo.
palatium a summo usque deorsum
El comerciante agradeció a Dios por su suerte.
mercator Deo gratias pro sua fortuna
y se apresuró a ir al palacio
et festinavit ad palatium
Pero se sorprendió al no ver gente en el palacio.
sed miratus est nullum homines videre in palatio
El patio estaba completamente vacío.
atrium vacuum erat
y no había señales de vida en ninguna parte
et signum vitae nusquam erat
Su caballo lo siguió hasta el palacio.
eum secutus est equus in regiam
y luego su caballo encontró un gran establo
et invenit equum magnum stabulum
El pobre animal estaba casi muerto de hambre.
pauper animal paene famelicus
Entonces su caballo fue a buscar heno y avena.
Et ingressus est equus ad inveniendum fenum et avenam
Afortunadamente encontró mucho para comer.
feliciter invenit multa manducare
y el mercader ató su caballo al pesebre
et mercator equum suum ad presepe alligavit

Caminando hacia la casa no vio a nadie.
w alking in domo vidit neminem
Pero en un gran salón encontró un buen fuego.
sed in aula magna invenit ignem bonum
y encontró una mesa puesta para uno
et invenit mensam unam
Estaba mojado por la lluvia y la nieve.
erat umidus a pluvia et nivis
Entonces se acercó al fuego para secarse.
Accessit ad ignem siccum
"Espero que el dueño de la casa me disculpe"
" Spero patremfamilias excusaturum " ;
"Supongo que no tardará mucho en aparecer alguien"
"Puto non diu aliquem apparere"
Esperó un tiempo considerable
Diu expectavit
Esperó hasta que dieron las once y todavía no venía nadie.
expectavit donec percussit undecim, et nullus venit
Al final tenía tanta hambre que no podía esperar más.
tandem adeo esuriit ut diutius expectare non possit
Tomó un poco de pollo y se lo comió en dos bocados.
Tulitque pullum et comedit eum in duobus offis
Estaba temblando mientras comía la comida.
et tremens dum comederet panem
Después de esto bebió unas copas de vino.
post haec pauca vini potiones bibit
Cada vez más valiente, salió del salón.
invalescens animosior exivit de aula
y atravesó varios grandes salones
et per aliquot magnas atria lustravit
Caminó por el palacio hasta llegar a una cámara.
ambulavit per palatium, donec veniret in cubiculum
Una habitación que tenía una cama muy buena.
thalamum quod habebat in eo stratum magnum valde bonum
Estaba muy fatigado por su terrible experiencia.
valde fatigatus ab experimento

Y ya era pasada la medianoche
tempusque iam noctis
Entonces decidió que era mejor cerrar la puerta.
statuit optimum ostio occludere
y concluyó que debía irse a la cama
et se cubitum ire arbitratus est

Eran las diez de la mañana cuando el comerciante se despertó.
Decem mane erat cum mercator expergefactus
Justo cuando iba a levantarse vio algo
sicut cum iret ad resurrectionem, vidit aliquid;
Se sorprendió al ver un conjunto de ropa limpia.
miratus est veste mutata videre
En el lugar donde había dejado su ropa sucia.
in loco ubi sordidis vestibus
"Seguramente este palacio pertenece a algún tipo de hada"
certe palatium hoc ad quamdam mediocris pertinet.
" Un hada que me ha visto y se ha compadecido de mí"
" mediocris qui vidit et misertus est ".
Miró por una ventana
respexit per fenestram
Pero en lugar de nieve vio el jardín más delicioso.
sed pro nivis hortum amoenissimum vidit
Y en el jardín estaban las rosas más hermosas.
et in horto erant pulcherrimae rosae
Luego regresó al gran salón.
Et reversus est ad magnum aulam
El salón donde había tomado sopa la noche anterior.
praetorium ubi elit nocte
y encontró un poco de chocolate en una mesita
et invenit scelerisque aliquam parvam mensam
"Gracias, buena señora hada", dijo en voz alta.
"Gratias tibi ago, bone Madam Fairy", clara voce dixit
"Gracias por ser tan cariñoso"
"Gratias ago tibi, quia non ita curans"

"Le estoy sumamente agradecido por todos sus favores"
" Gratissimum tibi sum pro omnibus tuis beneficiis "
El hombre amable bebió su chocolate.
genus bibit scelerisque
y luego fue a buscar su caballo
et ibat ad quaerendum equum suum
Pero en el jardín recordó la petición de Bella.
sed in horto recordatus est petitionem pulchritudinis
y cortó una rama de rosas
et abscidit ramum rosae
Inmediatamente oyó un gran ruido
statim audivit clamorem magnum
y vio una bestia terriblemente espantosa
et vidit bestiam horrendam
Estaba tan asustado que estaba a punto de desmayarse.
adeo perterritus erat ut deficeret
-Eres muy desagradecido -le dijo la bestia.
"Ingratus es," inquit bestia
Y la bestia habló con voz terrible
et bestia voce magna locutus est
"Te he salvado la vida al permitirte entrar en mi castillo"
" Servavi vitam tuam permittens te in castrum meum " .
"¿Y a cambio me robas mis rosas?"
"et pro quo meas surripis rosas?"
"Las rosas que valoro más que nada"
"Rosas quas ego pluris aestimo"
"Pero morirás por lo que has hecho"
"sed morieris quod feceris"
"Sólo te doy un cuarto de hora para que te prepares"
"Ego tibi do, sed quadrantem horae para te";
"Prepárate para la muerte y di tus oraciones"
"paratus te ad mortem et dic preces tuas"
El comerciante cayó de rodillas
mercator ad genua procumbit
y alzó ambas manos
et levavit ambas manus suas

"Mi señor, le ruego que me perdone"
Obsecro te, domine mi, ut indulgeas mihi.
"No tuve intención de ofenderte"
"Nihil habui animus tibi offensionis"
"Recogí una rosa para una de mis hijas"
Rosam congregavi uni filiarum mearum.
"Ella me pidió que le trajera una rosa"
" Rogavit me ut rosam adduceret "
-No soy tu señor, pero soy una bestia -respondió el monstruo.
"monstrum" respondit "Non sum dominus tuus, sed bestia
"No me gustan los cumplidos"
"Non amo verborum"
"Me gusta la gente que habla como piensa"
" Placet illis qui loquuntur sicut cogitant " ;
"No creas que me puedo conmover con halagos"
"ne putes me blanditiis posse moveri".
"Pero dices que tienes hijas"
"At dices filias te peperisse";
"Te perdonaré con una condición"
"Dimitto tibi in una conditione".
"Una de tus hijas debe venir voluntariamente a mi palacio"
"una filiarum tuarum libenter in palatium meum venire debet".
"y ella debe sufrir por ti"
"et debet pati pro vobis".
"Déjame tener tu palabra"
" Fiat mihi verbum tuum "
"Y luego podrás continuar con tus asuntos"
"Et tunc potes ire de negotiis tuis"
"Prométeme esto:"
"Hoc mihi promitte;"
"Si tu hija se niega a morir por ti, deberás regresar dentro de tres meses"
"Si filia tua pro te mori noluerit, intra tres menses redibis".
El comerciante no tenía intenciones de sacrificar a sus hijas.

mercator non habuit filias suas sacrificare
Pero, como le habían dado tiempo, quiso volver a ver a sus hijas.
sed, cum tempus daretur, filias suas denuo videre voluit
Así que prometió que volvería.
Itaque se rediturum pollicitus est
Y la bestia le dijo que podía partir cuando quisiera.
et dixit ei bestia, quam vellet, proficisci
y la bestia le dijo una cosa más
et bestia indicavit ei unum amplius
"No te irás con las manos vacías"
"non recedes inanis"
"Vuelve a la habitación donde yacías"
"Ire ad cubiculum ubi iaces"
"Verás un gran cofre del tesoro vacío"
" magnum pectus thesaurum inane videbis "
"Llena el cofre del tesoro con lo que más te guste"
"Replete thesaurum, cum quidquid tibi placet optimum"
"y enviaré el cofre del tesoro a tu casa"
"et cistam thesaurum mittam in domum tuam".
Y al mismo tiempo la bestia se retiró.
et simul bestia recessit

"Bueno", se dijo el buen hombre.
"Bene," dixit sibi vir bonus
"Si tengo que morir, al menos dejaré algo a mis hijos"
"si moriar, liberis meis aliquid saltem relinquam".
Así que regresó al dormitorio.
itaque ad cubiculum rediit
y encontró una gran cantidad de piezas de oro
invenitque multos aureos
Llenó el cofre del tesoro que la bestia había mencionado.
cistam implevit bestia, de qua dixerat
y sacó su caballo del establo
et eduxit equum de stabulo

La alegría que sintió al entrar al palacio ahora era igual al dolor que sintió al salir de él.
laetitiam, quam in regiam ferebant, moerore relinquendo par erat
El caballo tomó uno de los caminos del bosque.
Equus unam viae silvarum
Y en pocas horas el buen hombre estaba en casa.
et paucis horis bonus domi
Sus hijos vinieron a él
filii eius
Pero en lugar de recibir sus abrazos con placer, los miró.
sed pro libenter amplexus eorum aspexit
Levantó la rama que tenía en sus manos.
ramum quem in manibus habebat
y luego estalló en lágrimas
et lacrimas
"Belleza", dijo, "por favor toma estas rosas".
"pulchritudo" inquit "his rosis sume quaeso"
"No puedes saber lo costosas que han sido estas rosas"
"non scis quam pretiosae fuerint hae rosae"
"Estas rosas le han costado la vida a tu padre"
"Hae rosae patri tuo vitam constant".
Y luego contó su fatal aventura.
et tunc dixit casus sui fatalis
Inmediatamente las dos hermanas mayores gritaron.
Confestim duabus sororibus suis exclamavit
y le dijeron muchas cosas malas a su hermosa hermana
et dixerunt multa media ad pulcherrimam sororem
Pero Bella no lloró en absoluto.
sed pulchritudo omnino non clamabit
"Mirad el orgullo de ese pequeño desgraciado", dijeron.
"Aspice, inquit, illius miselli fastum"
"ella no pidió ropa fina"
"Non quaesivit vestem splendidam"
"Ella debería haber hecho lo que hicimos"
"Debuimus facere quod fecimus"

"ella quería distinguirse"
"se voluit distinguere"
"Así que ahora ella será la muerte de nuestro padre"
"Nunc ergo patris nostri mors erit".
"Y aún así no derrama ni una lágrima"
"et tamen illa non lachrymam".
"¿Por qué debería llorar?" respondió Bella
"Quare clamo?" respondit pulchritudo
"Llorar sería muy innecesario"
"Clamor valde supervacuus esset"
"mi padre no sufrirá por mí"
"Pater meus non patietur pro me".
"El monstruo aceptará a una de sus hijas"
"Monstrum unam ex filiabus accipiet"
"Me ofreceré a toda su furia"
"Omni furori suo me offeram".
"Estoy muy feliz, porque mi muerte salvará la vida de mi padre"
"Ego sum gauisus, quia mors mea animam patris mei saluabit".
"mi muerte será una prueba de mi amor"
"Mors mea documentum erit amoris mei"
-No, hermana -dijeron sus tres hermanos.
"Minime, soror," dixit ei tres fratres
"Eso no será"
"quod non erit"
"Iremos a buscar al monstruo"
"Ibimus invenire monstrum"
"y o lo matamos..."
"et aut occidemus eum.
"...o pereceremos en el intento"
"... vel in conatu peribimus".
"No imaginéis tal cosa, hijos míos", dijo el mercader.
"Nolite, filii mei," dixit mercator
"El poder de la bestia es tan grande que no tengo esperanzas de que puedas vencerlo"

" Tanta est bestiae potestas ut eum nulla spe superare posses "
.

"Estoy encantado con la amable y generosa oferta de Bella"
"Delectatus sum specie et liberalitate";
"pero no puedo aceptar su generosidad"
"sed liberalitatem accipere non possum".
"Soy viejo y no me queda mucho tiempo de vida"
"Senex sum, et non diu vivere"
"Así que sólo puedo perder unos pocos años"
"Sic paucis annis possum solvere"
"Tiempo que lamento por vosotros, mis queridos hijos"
"Tempus quod paenitet vos, filii carissimi"
"Pero padre", dijo Bella
"Sed pater," inquit, "pulchritudo"
"No irás al palacio sin mí"
"non ad palatium sine me".
"No puedes impedir que te siga"
"Non potes prohibere me ab his te"
Nada podría convencer a Bella de lo contrario.
nihil aliud potest arguere pulchritudinem
Ella insistió en ir al bello palacio.
institit ad bysso regis
y sus hermanas estaban encantadas con su insistencia
et sorores eius delectabantur instantiae

El comerciante estaba preocupado ante la idea de perder a su hija.
Mercator anxius erat cogitationem amittendi filiam
Estaba tan preocupado que se había olvidado del cofre lleno de oro.
in tantum sollicitus erat ut de pectore pleno aureo oblitus esset
Por la noche se retiró a descansar y cerró la puerta de su habitación.
noctu ad quietem se contulit, et cubiculi sui ianuam clausit
Entonces, para su gran asombro, encontró el tesoro junto a su cama.

deinde, cum magna admiratione, thesaurum invenit in lecto suo
Estaba decidido a no contárselo a sus hijos.
voluit dicere liberos
Si lo supieran, hubieran querido regresar al pueblo.
si scirent, se in oppidum reverti voluisse
y estaba decidido a no abandonar el campo
et placuit ne excederet agris
Pero él confió a Bella el secreto.
sed secreto speravit decorem
Ella le informó que dos caballeros habían llegado.
nuntiavit duos viros venisse
y le hicieron propuestas a sus hermanas
et rogaverunt eam
Ella le rogó a su padre que consintiera su matrimonio.
orabatque patrem, ut consentiret in matrimonium
y ella le pidió que les diera algo de su fortuna
et petiit ab eo ut daret eis aliquid de fortuna sua
Ella ya los había perdonado.
quae iam dimiserat illis
Las malvadas criaturas se frotaron los ojos con cebollas.
impii linivit oculos cepis
Para forzar algunas lágrimas cuando se separaron de su hermana.
aliquas lacrimas opprimere cum sorore sua
Pero sus hermanos realmente estaban preocupados.
sed fratres eius vere interfuerant
Bella fue la única que no derramó ninguna lágrima.
forma solus non lacrimas
Ella no quería aumentar su malestar.
noluit augere molestiam
El caballo tomó el camino directo al palacio.
Equo autem recto itinere ad palatium
y hacia la tarde vieron el palacio iluminado
et ad vesperam viderunt palatium illuminatum
El caballo volvió a entrar solo en el establo.

equus in stabulum iterum se contulit
Y el buen hombre y su hija entraron en el gran salón.
Ingressus est autem vir bonus et filia eius in aulam magnam
Aquí encontraron una mesa espléndidamente servida.
hic invenerunt mensam splendide ministrantem
El comerciante no tenía apetito para comer
mercator non appetitus edendi
Pero Bella se esforzó por parecer alegre.
forma autem hilaris videri conatus est
Ella se sentó a la mesa y ayudó a su padre.
sedit ad mensam et adiuvit patrem suum
Pero también pensó para sí misma:
sed et ipsa sibi;
"La bestia seguramente quiere engordarme antes de comerme"
"Profecto bestia me saginare vult priusquam me comedat".
"Por eso ofrece tanto entretenimiento"
"propterea quod tam copiosam oblectationem praebet".
Después de haber comido oyeron un gran ruido.
postquam comederunt clamorem magnum audiverunt
Y el comerciante se despidió de su desdichado hijo con lágrimas en los ojos.
et miserum puerum suum cum lacrimis in oculis suis valere iubeat
Porque sabía que la bestia venía
quia sciebat venire bestiam
Bella estaba aterrorizada por su horrible forma.
forma horrenda formidinis
Pero ella tomó coraje lo mejor que pudo.
sed accepit animum quantum poterat
Y el monstruo le preguntó si venía voluntariamente.
et interrogavit eam monstrum si volens veniret
-Sí, he venido voluntariamente -dijo temblando.
"Libenter veni", inquit tremens
La bestia respondió: "Eres muy bueno"
Respondit bestia : Valde bona es.

"Y te lo agradezco mucho, hombre honesto"
"Et ego vehementer gratum tibi, honestus"
"Continuad vuestro camino mañana por la mañana"
"Ite vias vestras cras mane"
"Pero nunca pienses en venir aquí otra vez"
"Sed numquam cogito huc iterum venire"
"Adiós bella, adiós bestia", respondió.
"Vale forma, vale bestia"
Y de inmediato el monstruo se retiró.
et statim monstrum recessit
"Oh, hija", dijo el comerciante.
"O filia," inquit mercator
y abrazó a su hija una vez más
et iterum filiam suam amplexatus est
"Estoy casi muerto de miedo"
"Paene exterritus sum usque ad mortem"
"Créeme, será mejor que regreses"
"Crede mihi, melius fuerat redire"
"déjame quedarme aquí, en tu lugar"
"me hic manere, pro te"
—No, padre —dijo Bella con tono decidido.
"Minime, pater", "forma" inquit, "obfirmato sono"
"Partirás mañana por la mañana"
"cras mane proficisceris"
"déjame al cuidado y protección de la providencia"
" meque ad providentiae curam ac tutelam relinquas " ;
Aún así se fueron a la cama
nihilominus cubitum ierunt
Pensaron que no cerrarían los ojos en toda la noche.
Nolebant oculos claudere noctem
pero justo cuando se acostaron se durmieron
sed sicut illi dormierunt

Bella soñó que una bella dama se acercó y le dijo:
venitque mulier pulchra pulchritudine, et dixit ei:
"Estoy contento, bella, con tu buena voluntad"

" contentus sum, forma, voluntate tua ";
"Esta buena acción tuya no quedará sin recompensa"
"Hoc bonum opus tuum non irremuneratum".
Bella se despertó y le contó a su padre su sueño.
pulchritudinem excitavit et indicavit ei patri suo somnio
El sueño ayudó a consolarlo un poco.
Somnium adiuvit ut consolaretur eum paululum
Pero no pudo evitar llorar amargamente mientras se marchaba.
sed non potuit quin amare discederet
Tan pronto como se fue, Bella se sentó en el gran salón y lloró también.
simul atque ille discessit, formositas consedit in aula magna et clamat nimis
Pero ella decidió no sentirse inquieta.
sed placuit non esse sollicitam
Ella decidió ser fuerte por el poco tiempo que le quedaba de vida.
decrevit valere ad modicum tempus vivere reliquerat
Porque creía firmemente que la bestia la comería.
quia firmiter credidit bestiam manducare illam
Sin embargo, pensó que también podría explorar el palacio.
sed etiam regiam explorare poterat
y ella quería ver el hermoso castillo
et voluit videre castrum nobile
Un castillo que no pudo evitar admirar.
castrum quod non admirans
Era un palacio deliciosamente agradable.
amoenissimum erat palatium
y ella se sorprendió muchísimo al ver una puerta
et valde admiratus est cum vidisset ostium
Y sobre la puerta estaba escrito que era su habitación.
et super januam scriptam esse illam cameram suam
Ella abrió la puerta apresuradamente
aperiens ostium cito

y ella quedó completamente deslumbrada con la magnificencia de la habitación.
eratque ea loci magnificentia praestringebatur
Lo que más le llamó la atención fue una gran biblioteca.
quae praecipue operam suam in bibliothecam grandem habebat
Un clavicémbalo y varios libros de música.
chorda et aliquot musicae libri
"Bueno", se dijo a sí misma.
"Bene" dixit secum
"Veo que la bestia no dejará que mi tiempo cuelgue pesadamente"
"Video ne feram meam tempus gravem pendeat";
Entonces reflexionó sobre su situación.
tum reflectitur ad se de suo situ
"Si me hubiera quedado un día, todo esto no estaría aquí"
"Si maneret dies, haec omnia hic non essent"
Esta consideración le inspiró nuevo coraje.
Haec ratio nova animo
y tomó un libro de su nueva biblioteca
et sumpsit librum ex nova bibliotheca
y leyó estas palabras en letras doradas:
et haec in aureis litteris legit;
"Bienvenida Bella, destierra el miedo"
"grata forma, pelle timorem";
"Eres reina y señora aquí"
"Tu es regina et domina hic"
"Di tus deseos, di tu voluntad"
" Loquere vota tua, loquere voluntatem tuam ".
"Aquí la obediencia rápida cumple tus deseos"
"Citis obsequium votis tuis hic obvium".
"¡Ay!", dijo ella con un suspiro.
"Heu," inquit, cum gemitu
"Lo que más deseo es ver a mi pobre padre"
"Maxime pauperem patrem meum videre cupio".
"y me gustaría saber qué está haciendo"

"Et volo scire quid sit facere"
Tan pronto como dijo esto se dio cuenta del espejo.
Haec ubi dixisset, speculum animadvertit
Para su gran asombro, vio su propia casa en el espejo.
ingenti admiratione sui vidit domum suam in speculo
Su padre llegó emocionalmente agotado.
pater eius venit in passione existens fessus
Sus hermanas fueron a recibirlo
sororibus eius in occursum eius
A pesar de sus intentos de parecer tristes, su alegría era visible.
non obstante conatu moesti apparere, gaudium eorum apparebat
Un momento después todo desapareció
momento post omnia evanuerunt
Y las aprensiones de Bella también desaparecieron.
et pulchritudinis apprehensio disparuit nimis
porque sabía que podía confiar en la bestia
sciebat enim se posse confidere bestiae

Al mediodía encontró la cena lista.
In meridie cenam paratam invenit
Ella se sentó a la mesa
et sedit ad mensam
y se entretuvo con un concierto de música
et excepta concentu musicorum
Aunque no podía ver a nadie
quamvis non viderent aliorum
Por la noche se sentó a cenar otra vez
nocte iterum consedit ad cenam
Esta vez escuchó el ruido que hizo la bestia.
hoc tempore audivit vocem bestiae factae
y ella no pudo evitar estar aterrorizada
et non poterat perterritus
"belleza", dijo el monstruo
"pulchritudo" dixit monstrum

"¿Me permites comer contigo?"
"Nonne sinitis me vobiscum manducare?"
"Haz lo que quieras", respondió Bella temblando.
"facies ut lubet", formidolosa respondit pulchritudo
"No", respondió la bestia.
"Non," respondit bestia
"Sólo tú eres la señora aquí"
"Tu solus domina es hic"
"Puedes despedirme si soy problemático"
"Potes me mittere, si molestum sum"
"Despídeme y me retiraré inmediatamente"
"Mitte me et statim recedere"
-Pero dime, ¿no te parece que soy muy fea?
"Sed dic mihi, nonne me turpissimum putas?"
"Eso es verdad", dijo Bella.
"Verum est," inquit, pulchritudinem
"No puedo decir una mentira"
"Non possum dicere mendacium"
"Pero creo que tienes muy buen carácter"
"Sed credo te valde benignum"
"Sí, lo soy", dijo el monstruo.
"Immo ego sum" dixit monstrum
"Pero aparte de mi fealdad, tampoco tengo sentido"
"Sed sine deformitate, ego quoque nihil sum".
"Sé muy bien que soy una criatura tonta"
"Scio me ipsum stultam esse creaturam".
—No es ninguna locura pensar así —replicó Bella.
"Non est signum stultitiae ita cogitare," respondit pulchritudo
"Come entonces, bella", dijo el monstruo.
"ede igitur, forma," dixit monstrum
"Intenta divertirte en tu palacio"
"Conare ludere in palatio tuo"
"Todo aquí es tuyo"
"Omnia hic tua sunt"
"Y me sentiría muy incómodo si no fueras feliz"
"Et ego valde anxius essem si non esses beatus"

-Eres muy servicial -respondió Bella.
"Pergratum es" respondit pulchritudinem
"Admito que estoy complacido con su amabilidad"
" Fateor, benignitate tua delector"
"Y cuando considero tu bondad, apenas noto tus deformidades"
"et cum tuam humanitatem considero, turpitudines tuas vix considero".
"Sí, sí", dijo la bestia, "mi corazón es bueno".
"Est," inquit bestia, "bonum est cor meum."
"Pero aunque soy bueno, sigo siendo un monstruo"
"sed quamvis bonus sum, monstrum tamen sum".
"Hay muchos hombres que merecen ese nombre más que tú"
"Multi sunt viri qui hoc nomine meruerunt plus quam tu";
"Y te prefiero tal como eres"
"et malo tibi sicut tu es"
"y te prefiero más que a aquellos que esconden un corazón ingrato"
"et malo tibi plus quam eos qui ingratum cor abscondunt".
"Si tuviera algo de sentido común", respondió la bestia.
"si modo aliquem sensum haberem," respondit bestia
"Si tuviera sentido común, te haría un buen cumplido para agradecerte"
"Si sensissem, bene gratias agerem"
"Pero soy tan aburrida"
"At ego tam hebes"
"Sólo puedo decir que le estoy muy agradecido"
"Nisi possum dicere, tibi sum valde gratum"
Bella comió una cena abundante
pulchritudinem comedit cenam
y ella casi había superado su miedo al monstruo
et prope terrorem monstri vicerat
Pero ella quería desmayarse cuando la bestia le hizo la siguiente pregunta.
sed deficere volebat, cum bestiam sibi proximam quaereret
"Belleza, ¿quieres ser mi esposa?"

"pulchritudo eris uxor?"
Ella tardó un tiempo antes de poder responder.
tulit aliquanto ante posset respondere
Porque tenía miedo de hacerlo enojar
quia timebat ne irascatur
Al final, sin embargo, dijo: "No, bestia".
tandem tamen "nequaquam," inquit, "bestia".
Inmediatamente el pobre monstruo silbó muy espantosamente.
monstrum pauperis statim exsibilatur vehementer
y todo el palacio hizo eco
et totum palatium resonabat
Pero Bella pronto se recuperó de su susto.
sed pulchritudo mox a pavore convaluit
porque la bestia volvió a hablar con voz triste
quia bestia iterum flebili voce locutus est
"Entonces adiós, belleza"
"Vale igitur, pulchritudo".
y sólo se volvía de vez en cuando
et solus reversus interdum
mirarla mientras salía
ut exiens intueri illam

Ahora Bella estaba sola otra vez
Nunc autem sola pulchritudo
Ella sintió mucha compasión
plurimum misericordia sensit
"Ay, es una lástima"
"Ei, mille piae sunt!"
"algo tan bueno no debería ser tan feo"
"Nihil tam ingeniosum neque tam turpe".
Bella pasó tres meses muy contenta en palacio.
pulchritudinis tres menses in palatio valde contente consumpsit
Todas las noches la bestia le hacía una visita.
omne vespere bestia pretium eius a visit

y hablaron durante la cena
et loquebatur in cena
Hablaban con sentido común
ipsi loquebatur cum sensu communi
Pero no hablaban con lo que la gente llama ingenio.
sed non loqui quod vocant testimonium
Bella siempre descubre algún carácter valioso en la bestia.
forma semper aliquid pretiosum in bestia
y ella se había acostumbrado a su deformidad
et adsueverat deformitatem suam
Ella ya no temía el momento de su visita.
et non pertimesco tempus visitationis suae amplius
Ahora a menudo miraba su reloj.
saepe iam vigilavit ad eam
y ella no podía esperar a que fueran las nueve en punto
et non poterat expectare horam nonam
Porque la bestia nunca dejaba de venir a esa hora
quia numquam bestiam illam horam exciderunt
Sólo había una cosa que preocupaba a Bella.
una res ad pulchritudinem
Todas las noches antes de irse a dormir la bestia le hacía la misma pregunta.
tota nocte antequam cubitum irent, bestia eandem quaestionem interrogabat
El monstruo le preguntó si sería su esposa.
monstrum interrogavit eam si esset uxor eius
Un día ella le dijo: "bestia, me pones muy nerviosa"
dixitque ad eum quadam die, " Bestia, turbata est mihi valde "
;
"Me gustaría poder consentir en casarme contigo"
"Vellem possem consentire in uxorem ducere"
"Pero soy demasiado sincero para hacerte creer que me casaría contigo"
"sed nimis sincerus sum ut credas me nubere te"
"nuestro matrimonio nunca se realizará"
"Matrimonium nostrum numquam fiet"

"Siempre te veré como un amigo"
"Ego te ut amicus semper videbo"
"Por favor, trate de estar satisfecho con esto"
"Quaeso experiri satiari"
"Debo estar satisfecho con esto", dijo la bestia.
"Satiari oportet hoc," inquit bestia
"Conozco mi propia desgracia"
"Scio me infortunium";
"pero te amo con el más tierno cariño"
"sed te amo summa affectione "
"Sin embargo, debo considerarme feliz"
"Sed me beatum debere existimare".
"Y me alegraría que te quedaras aquí"
"et me beatum esse ut hic maneas".
"Prométeme que nunca me dejarás"
"Promittere me numquam me relinquere"
Bella se sonrojó ante estas palabras.
pulchritudo erubuit his verbis

Un día Bella se estaba mirando en el espejo.
unus dies pulchritudo est vultus in speculo
Su padre se había preocupado muchísimo por ella.
pater suus anxius erat sibi male pro ea
Ella anhelaba verlo de nuevo más que nunca.
adhuc plus quam semper videre cupiebat
"Podría prometerte que nunca te abandonaré por completo"
"Possum polliceri numquam te totum relinquere"
"Pero tengo un deseo tan grande de ver a mi padre"
"sed desiderii est videre patrem meum".
"Me molestaría muchísimo si dijeras que no"
"Impossibiliter commotus essem si negas"
"Preferiría morir yo mismo", dijo el monstruo.
'monstrum' inquit 'malo me mori'
"Prefiero morir antes que hacerte sentir incómodo"
"Malo mori quam te turbat".
"Te enviaré con tu padre"

"Mittam te ad patrem tuum".
"permanecerás con él"
"cum eo manebitis".
"y esta desafortunada bestia morirá de pena en su lugar"
"et misera haec bestia pro moerore morietur".
"No", dijo Bella, llorando.
"Minime", inquit decor, flens
"Te amo demasiado para ser la causa de tu muerte"
" Nimium te amo ut mortis tuae causa sit " .
"Te doy mi promesa de regresar en una semana"
"Promissum tibi do ut per hebdomadam redeam"
"Me has demostrado que mis hermanas están casadas"
"Monstrasti mihi sorores meae nuptae".
"y mis hermanos se han ido al ejército"
"et fratres mei iverunt ad exercitum".
"déjame quedarme una semana con mi padre, ya que está solo"
"Sine septimana cum patre meo, sicut solus est".
"Estarás allí mañana por la mañana", dijo la bestia.
"Eris ibi cras mane," dixit bestia
"pero recuerda tu promesa"
"sed memor promissionis tuae"
"Solo tienes que dejar tu anillo sobre una mesa antes de irte a dormir"
"Tu tantum debes anulum tuum in mensa ponere antequam cubitum ambules"
"Y luego serás traído de regreso antes de la mañana"
"et tunc mane redieris".
"Adiós querida belleza", suspiró la bestia.
" Vale cara pulchritudo " ingemuit bestia
Bella se fue a la cama muy triste esa noche.
forma cubitum ibat tristissima nocte
Porque no quería ver a la bestia tan preocupada.
quia noluit videre bestia tam sollicitus

A la mañana siguiente se encontró en la casa de su padre.

Postridie mane invenit se in domo patris sui
Ella hizo sonar una campanita junto a su cama.
et pulsavit campanulam a lecto
y la criada dio un grito fuerte
et ancilla magna voce
y su padre corrió escaleras arriba
et pater susum cucurrit
Él pensó que iba a morir de alegría.
putabat se cum gaudio moriturum
La sostuvo en sus brazos durante un cuarto de hora.
tenebat in armis ad quartam horam
Finalmente los primeros saludos terminaron.
Tandem prima salutatio praefecti
Bella empezó a pensar en levantarse de la cama.
forma coepit cogitare de lecto
pero se dio cuenta de que no había traído ropa
sed cognovit se non induisse
pero la criada le dijo que había encontrado una caja
sed ancilla ei se invenisse pyxidem dixit
El gran baúl estaba lleno de vestidos y batas.
truncus magnus erat plenus togis et coquit
Cada vestido estaba cubierto de oro y diamantes.
unaquaque toga erat auro et adamantibus
Bella agradeció a la Bestia por su amable atención.
forma gratias bestias pro huiusmodi cura
y tomó uno de los vestidos más sencillos
et tulit unam de planissimis vestimentis
Ella tenía la intención de regalar los otros vestidos a sus hermanas.
dare se intendebat ad alias vestes sororibus
Pero ante ese pensamiento el arcón de ropa desapareció.
sed in eo pectore vestes evanuerunt
La bestia había insistido en que la ropa era solo para ella.
bestia institerat vestimenta sua solum
Su padre le dijo que ese era el caso.
pater ei quod ita esset

Y enseguida volvió el baúl de la ropa.
et statim truncus vestimentorum reversus est
Bella se vistió con su ropa nueva
pulchritudo induit se novis vestibus
Y mientras tanto las doncellas fueron a buscar a sus hermanas.
et interea ancillis ierunt ut sorores suas invenirent
Ambas hermanas estaban con sus maridos.
et soror eius cum viris
Pero sus dos hermanas estaban muy infelices.
sed et sorores eius erant valde infelices
Su hermana mayor se había casado con un caballero muy guapo.
soror eius primogenita duxerat pulcherrimum virum
Pero estaba tan enamorado de sí mismo que descuidó a su esposa.
sed adeo cupidus fuit ut uxorem neglexisset
Su segunda hermana se había casado con un hombre ingenioso.
ea secunda soror duxerat homo lepidus
Pero usó su ingenio para atormentar a la gente.
sed utebatur testi- monio suo ad torquendum populum
Y atormentaba a su esposa sobre todo.
et uxorem suam maxime cruciabat
Las hermanas de Bella la vieron vestida como una princesa
pulchritudinis sororibus vidit eam ornatu princeps
y se enfermaron de envidia
et ægrotabantur zelo
Ahora estaba más bella que nunca
nunc fuit pulchrior umquam
Su comportamiento cariñoso no pudo sofocar sus celos.
eam affectuosas mores ne extinguant invidiam
Ella les contó lo feliz que estaba con la bestia.
dixit eis quomodo beatus esset cum bestia
y sus celos estaban a punto de estallar
et zelus eorum paratus erat ad erumpendum

Bajaron al jardín a llorar su desgracia.
et descenderunt in hortum, ut clamarent de calamitate sua
"¿En qué sentido esta pequeña criatura es mejor que nosotros?"
"Quomodo est haec creatura melior nobis?"
"¿Por qué debería estar mucho más feliz?"
"Quare debet esse tanto beatior?"
"Hermana", dijo la hermana mayor.
"Soror" dixit maior soror
"Un pensamiento acaba de golpear mi mente"
"Cogitaverunt iustus percussit animam meam"
"Intentemos mantenerla aquí más de una semana"
"conemur eam hic plus quam hebdomade retinere"
"Quizás esto enfurezca al tonto monstruo"
"Facebit fortasse hoc monstrum stultum".
"porque ella hubiera faltado a su palabra"
"quia verbum rupisset"
"y entonces podría devorarla"
"et tunc devoraret eam";
"Esa es una gran idea", respondió la otra hermana.
"id est magna idea," respondit altera soror
"Debemos mostrarle la mayor amabilidad posible"
"Debemus illam quam maxime misericordiam"
Las hermanas tomaron esta resolución
Hanc fecerunt sorores
y se comportaron con mucho cariño con su hermana
et sorori suae amantissime agebant
La pobre belleza lloró de alegría por toda su bondad.
forma pauperis flebat gaudium ab omni bonitate sua
Cuando la semana se cumplió, lloraron y se arrancaron el pelo.
Cum autem completa esset dies, clamaverunt et sciderunt comam suam
Parecían muy apenados por separarse de ella.
videbantur ita paenitet ad partem eius

y Bella prometió quedarse una semana más
et pulchritudinis promissam manere hebdomadam

Mientras tanto, Bella no pudo evitar reflexionar sobre sí misma.
Interea, pulchritudo in se ipsam reflectere non potuit
Ella se preocupaba por lo que le estaba haciendo a la pobre bestia.
anxius quid ageret ad bestiam pauperem
Ella sabía que lo amaba sinceramente.
se scire se sincere dilexit eum
Y ella realmente anhelaba verlo otra vez.
et vere desiderabat videre illum
La décima noche también la pasó en casa de su padre.
decima nocte pergit ad patris nimis
Ella soñó que estaba en el jardín del palacio.
vidit eam in horto palatio
y soñó que veía a la bestia extendida sobre la hierba
et vidit in gramine bestiam
Parecía reprocharle con voz moribunda
obicere eam vocem morientis videbatur
y la acusó de ingratitud
et de ingratitudine accusavit eam
Bella se despertó de su sueño.
pulchritudinem experrectus a somno
y ella estalló en lágrimas
et in lacrimas
"¿No soy muy malvado?"
"Nonne nimis impius sum?"
"¿No fue cruel de mi parte actuar tan cruelmente con la bestia?"
"Nonne me crudelis tam inclementer facere ad bestiam?"
"La bestia hizo todo lo posible para complacerme"
"Bestia omnia mihi placebat"
-¿Es culpa suya que sea tan feo?
"Numquid tam turpe est ut eius culpa sit?"

¿Es culpa suya que tenga tan poco ingenio?
"Numquid tam parum ingenii culpa est?"
"Él es amable y bueno, y eso es suficiente"
" benignus est et bonus, et satis est " ;
"¿Por qué me negué a casarme con él?"
"Cur non negavi uxorem ducere?"
"Debería estar feliz con el monstruo"
"me beatum esse cum monstro"
"Mira los maridos de mis hermanas"
"Aspice viros sororum mearum"
"ni el ingenio ni la belleza los hacen buenos"
"Neque testis eos bonos neque pulcher facit".
"Ninguno de sus maridos las hace felices"
"Neque maritos suos beatos facit".
"pero virtud, dulzura de carácter y paciencia"
sed virtus, suavitas ingenii et patientiae.
"Estas cosas hacen feliz a una mujer"
"Haec faciunt femina felix"
"y la bestia tiene todas estas valiosas cualidades"
"et belua has omnes pretiosas qualitates habet".
"Es cierto; no siento la ternura del afecto por él"
"Verum est; viscera erga illum non sentio"
"Pero encuentro que tengo la más alta gratitud por él"
"sed habeo maximam gratiam pro eo".
"y tengo por él la más alta estima"
"et habeo maximam gratiam in eo"
"y él es mi mejor amigo"
"Et ipse est amicus meus optimus"
"No lo haré miserable"
"Miserum illum non faciam"
"Si fuera tan desagradecido nunca me lo perdonaría"
"Si tam ingratus essem, numquam mihi ignoscerem".
Bella puso su anillo sobre la mesa.
pulchritudo posuit eam anulum in mensa
y ella se fue a la cama otra vez
et iterum ad lectum

Apenas estaba en la cama cuando se quedó dormida.
vix erat in lecto priusquam obdormivit

Ella se despertó de nuevo a la mañana siguiente.
et iterum mane experrectus
Y ella estaba muy contenta de encontrarse en el palacio de la bestia.
et laetabatur se in palatio bestiae invenire
Ella se puso uno de sus vestidos más bonitos para complacerlo.
induit unum ex veste nicest ut placeat ei
y ella esperó pacientemente la tarde
et patientiam expectabat ad vesperam
llegó la hora deseada
venit hora exoptata
El reloj dio las nueve, pero ninguna bestia apareció
hora percussit horologium, nulla tamen bestia apparuit
Bella entonces temió haber sido la causa de su muerte.
formi- tum timuit leti causa fuisse
Ella corrió llorando por todo el palacio.
et cucurrit clamor in circuitu regis
Después de haberlo buscado por todas partes, recordó su sueño.
cum ubique quaereret , recordata est somnii sui
y ella corrió hacia el canal en el jardín
et cucurrit ad canalem in horto
Allí encontró a la pobre bestia tendida.
Ibi invenit bestia pauperem extenta
y estaba segura de que lo había matado
et certe occiderat
Ella se arrojó sobre él sin ningún temor.
se ei sine ullo terrore projecit
Su corazón todavía latía
cor ejus adhuc verberans
Ella fue a buscar un poco de agua al canal.
et aquam de canali

y derramó el agua sobre su cabeza
et effudit aquam super caput eius
La bestia abrió los ojos y le habló a Bella.
Aperiens bestia oculos et locutus est ad pulchritudinem
"Olvidaste tu promesa"
"Promissionis tuae oblitus es"
"Me rompió el corazón haberte perdido"
"Tanta sum animo amisisse te"
"Resolví morirme de hambre"
"Destinavi me fame";
"pero tengo la felicidad de verte una vez más"
"Sed habeo felicitatem videndi te semel"
"Así tengo el placer de morir satisfecho"
" sic mihi placet mori satur " ;
"No, querida bestia", dijo Bella, "no debes morir".
"Minime, cara bestia," dixit forma, "non morieris";
"Vive para ser mi marido"
"Vivat ut sit vir meus"
"Desde este momento te doy mi mano"
"Ex hoc tempore manum meam do tibi"
"Y juro no ser nadie más que tuyo"
et iuro non esse nisi tuum.
"¡Ay! Creí que sólo tenía una amistad para ti"
"Heu! Ego tantum amicitiam tibi cogitavi"
"Pero el dolor que ahora siento me convence;"
sed dolor, quem nunc sentio, arguit;
"No puedo vivir sin ti"
"Non possum vivere nec sine te"
Bella apenas había dicho estas palabras cuando vio una luz.
vix haec dixerat pulchritudo, cum vidit lucem
El palacio brillaba con luz
palatium micans lux
Los fuegos artificiales iluminaron el cielo
pompa caelum inluminavit
y el aire se llenó de música
et aerem repleti musicis

Todo daba aviso de algún gran acontecimiento
omnia denuntiavit magno eventu
Pero nada podía captar su atención.
sed nihil potuit eam attendere
Ella se volvió hacia su querida bestia.
et convertit ad eam cari bestia
La bestia por la que ella temblaba de miedo
bestia cui tremuit
¡Pero su sorpresa fue grande por lo que vio!
sed admiratio magna ex eo quod vidit.
La bestia había desaparecido
bestia abiit
En cambio, vio al príncipe más encantador.
loco vidit pulcherrimum princeps
Ella había puesto fin al hechizo.
quae finem habuit alica
Un hechizo bajo el cual se parecía a una bestia.
incantamentum quo ad similitudinem bestiae
Este príncipe era digno de toda su atención.
hic princeps omni attentione dignus erat
Pero no pudo evitar preguntar dónde estaba la bestia.
sed non poterat non quaerere ubi esset bestia
"Lo ves a tus pies", dijo el príncipe.
"Vides eum ante pedes tuos", dixit princeps
"Un hada malvada me había condenado"
"Improbus mediocris damnavit me"
"Debía permanecer en esa forma hasta que una hermosa princesa aceptara casarse conmigo"
"Ego in illa figura manerem donec pulcherrima regina me nubere consensit"
"El hada ocultó mi entendimiento"
"Infandi absconderunt intellectum meum"
"Fuiste el único lo suficientemente generoso como para quedar encantado con la bondad de mi temperamento"
"Unicus eras satis liberalis, ut amoenitatem ingenii mei bonitate"

Bella quedó felizmente sorprendida
pulchritudo feliciter oppressit
Y le dio la mano al príncipe encantador.
et dedit manum lepidi principi suo
Entraron juntos al castillo
venerunt in castra
Y Bella se alegró mucho al encontrar a su padre en el castillo.
et delectatus est decor invenire patrem in arce
y toda su familia estaba allí también
et tota familia eius ibi erant
Incluso Bella dama que apareció en su sueño estaba allí.
etiam pulchra domina, quae in somnio apparuit ibi
"Belleza", dijo la dama del sueño.
"pulchritudo" dixit domina ex somnio
"ven y recibe tu recompensa"
"Veni et accipe mercedem tuam".
"Has preferido la virtud al ingenio o la apariencia"
" Virtutem ingenio vel vultu praetulisti "
"Y tú mereces a alguien en quien se unan estas cualidades"
"et merearis aliquem, in quo talia uniuntur".
"vas a ser una gran reina"
"Tu es futurus regina magna"
"Espero que el trono no disminuya vuestra virtud"
" Spero thronum virtutis tuae non minuet "
Entonces el hada se volvió hacia las dos hermanas.
deinde mediocris ad duas sorores
"He visto dentro de vuestros corazones"
"Vidi intra corda vestra"
"Y sé toda la malicia que contienen vuestros corazones"
"et scio omnem malitiam continent corda vestra"
"Ustedes dos se convertirán en estatuas"
"tu duo signa fient"
"pero mantendréis vuestras mentes"
"sed animum vestrum servabitis"
"estarás a las puertas del palacio de tu hermana"
stabis ad portas palatii sororis tuae.

"La felicidad de tu hermana será tu castigo"
" Felicitas sororis tuae poena tua erit "
"No podréis volver a vuestros antiguos estados"
"Non poteris redire ad statum pristinum"
"A menos que ambos admitan sus errores"
"Nisi vitia vestra faterimini".
"Pero preveo que siempre permaneceréis como estatuas"
"sed praevideo vos statuas semper manere".
"El orgullo, la ira, la gula y la ociosidad a veces se vencen"
"Superbia, ira, gula, atque otium vincuntur".
" pero la conversión de las mentes envidiosas y maliciosas son milagros"
" invidorum autem et malignorum mentium miracula sunt conversio "
Inmediatamente el hada dio un golpe con su varita.
statim mediocris dedit ictum cum virga
Y en un momento todos los que estaban en el salón fueron transportados.
et subito deportati sunt omnes, qui erant in atrio
Habían entrado en los dominios del príncipe.
ierant in principatus principis
Los súbditos del príncipe lo recibieron con alegría.
principis subditi eum gaudio receperunt
El sacerdote casó a Bella y la bestia
sacerdos accepit pulchritudinem et bestia
y vivió con ella muchos años
et vixit cum ea multis annis
y su felicidad era completa
et felicitas perfecta
porque su felicidad estaba fundada en la virtud
quia felicitas eorum in virtute fundata est

El fin
Finis

www.tranzlaty.com

www.ingramcontent.com/pod-product-compliance
Lightning Source LLC
Chambersburg PA
CBHW011555070526
44585CB00023B/2611